BEI GRIN MACHT SICH IHR WISSEN BEZAHLT

Concept und Business Planning. Business Plan, Business Model Canvas

Bibliografische Information der Deutschen Nationalbibliothek:

Die Deutsche Nationalbibliothek verzeichnet diese Publikation in der Deutschen Nationalbibliografie; detaillierte bibliografische Daten sind im Internet über http://dnb.d-nb.de abrufbar.

ISBN: 9783346985682
Dieses Buch ist auch als E-Book erhältlich.

Das Buch bei GRIN: https://www.grin.com/document/1431819

Einsendeaufgabe

Concept & Business Planning

Alternative C

abgegeben am 27. April 2022 über den Online Campus der SRH Riedlingen.

Abbildungsverzeichnis

Tabellenverzeichnis

Abkürzungsverzeichnis

2D	Zwei dimensional
3D	Drei dimensional
BMC	Business Model Canvas
Co2	Kohlenstoffdioxid
GmbH	Gesellschaft mit beschränkter Haftung
KfW	Kreditanstalt für Wiederaufbau
SWOT	Engl. strenghts, weakness, opportunities, threats

Inhaltsverzeichnis

C1. Der Business Plan & das Business Model Canvas im Vergleich

Hat ein Unternehmer seine Geschäftsidee gefunden und auf Machbarkeit überprüft, so gilt es die Umsetzbarkeit und Finanzierung dieser Idee zu analysieren.[1] In den letzten Dekaden hat sich dabei der Businessplan als Standardinstrument durchgesetzt.[2] Unternehmensgründungen werden vom deutschen Staat durch eine Vielzahl an wirtschaftspolitischen Programmen gefördert. Eine genaue Fördersumme, die in Form von Krediten und nicht rückzuzahlender Zuschüsse geleistet wird, lässt sich aufgrund der Masse an diversen Programmen nicht beziffern. Allerdings handelt es sich dabei um viele Milliarden Euro pro Jahr, die u.a. durch die KfW, der Kreditanstalt für Wiederaufbau, als deutsche Förderbank und der Bundesagentur für Arbeit ausgegeben werden. Daneben werden Existenzgründer auch durch Bürgschaften von Bund und Ländern unterstützt oder können auf andere Beratungsprogramme wie bspw. Das Gründercoaching Deutschland oder den Hightech Gründerfonds zurückgreifen.[3] Neben wenigen Ausnahmen ist die Voraussetzung zur Nutzung der meisten dieser Programme die Vorlage eines Businessplans und auch für private Investoren spielt er eine wichtige Rolle.[4]

In dieser Teilaufgabe wird der Businessplan genauer betrachtet. Dabei wird zunächst erklärt was ein Businessplan eigentlich ist, wie er sich aufbaut und welche Ziele er verfolgt. Neben dem Businessplan wird ein weiteres Modell, das Business-Model-Canvas, mit den gleichen Parametern vorgestellt. Am Ende dieser Teilaufgabe werden die beiden Modelle auf Ihre Unterschiede zueinander untersucht.

Der Business-Plan

Der Business-Plan wird i.d.R. mit Neugründungen und deren Finanzierung in Verbindung gebracht und definiert sich als Entwurf für die Unternehmensstrategie. Er hält dabei die Unternehmensziele und die Strategie zum Erreichen dieser Ziele inklusive aller notwendigen Voraussetzungen, Planungen und Maßnahmen fest. In der Regel beläuft sich dabei der Betrachtungszeitraum auf drei bis fünf Jahre.[5] Er stellt also die Basis des zukünftigen Business dar, die den Weg von der Geschäftsidee zum Geschäftsplan aufzeigt. Auch für bestehende Unternehmen und Großkonzerne kann ein Businessplan im Falle von geplanten Unternehmenskäufen, Expansionen und bei Einführungen neuer Produkte zur Entscheidungsfindung beitragen. Er zeigt sich damit als ein Instrument,

---

[1] Vgl. Pott/ Pott (2015), S. 195.
[2] Vgl. Kunze/ Offermanns (2016), S. 1.
[3] Vgl. Kunze/ Offermanns (2016), S. 2-3.
[4] Vgl. Kunze/ Offermanns (2016), S. 3.
[5] Vgl. Nagl (2018), IX.

welches zu vielen Anlässen gebrauch finden kann. Als weitere Beispiele können hier Fusionen, Börsengänge und komplette Neuausrichtungen von Unternehmen genannt werden.[6] Daraus lässt sich ableiten, dass es keinen universell geltenden Businessplan gibt, allerdings gibt es feste Elemente auf die später noch näher eingegangen wird.[7] Die Entwicklung eines Businessplans durchläuft verschiedene Phasen in denen spezifische Aufgaben behandelt werden. Je nach Ziel ist der Umfang je Phase unterschiedlich. Zum Erfolg des Businessplans trägt dabei jedoch jede Phase in gleicherweise bei. Fehlt eine Phase, so kann ein wichtiges Element außen vor bleiben. Nur die konsequente Einhaltung der methodischen Reihenfolge kann gewährleisten, dass alle wichtigen Gesichtspunkte des Projektes bearbeitet werden.[8] Abbildung 1 zeigt die sieben Phasen zur Entwicklung eines Businessplans. Mit Hilfe der Unterteilung in einzelne Phasen, wird der Komplexität bei der Erstellung entgegengewirkt.[9]

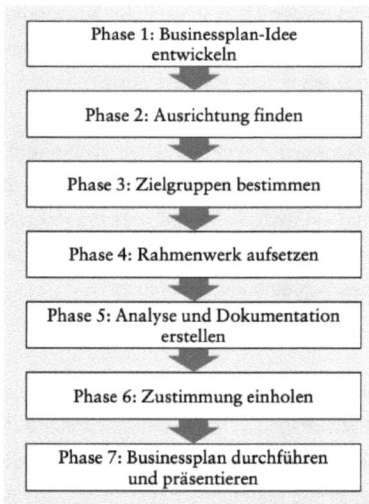

Abbildung 1: Die Phasen zur Entwicklung eines Businessplanes[10]

Der Aufbau des Businessplans ist abhängig von der Gründungsidee und an das entsprechende Unternehmen und die Situation anzupassen. Daher können die einzelnen Komponenten in ihrer Reihenfolge variieren.[11] Eine Beispielshafte Aufteilung lautet wie folgt:

---

[6] Vgl. Pott/ Pott (2015), S. 196-197.
[7] Vgl. Nagl (2018), S. 1.
[8] Vgl. Paxmann/ Fuchs (2010), S. 19.
[9] Vgl. Paxmann/ Fuchs (2010), S. 20.
[10] Paxmann/ Fuchs (2010), S. 20.
[11] Vgl. Nagl (2018), S. 1.

1. Executive Summary

Das Executive Summary ist eine Kurzform des Businessplans und dient in erster Linie dazu, potenziellen Investoren eine Übersicht über die Ziele des Vorhabens zu liefern. Die möglichen Investoren können sich so ein erstes Bild von der Thematik machen.[12] Das Executive Summary sollte nicht mehr als zwei Seiten umfassen und leicht verständlich sein. Der Fokus liegt in der Vorstellung der Geschäftsidee, der Hauptziele und der Strategie des Unternehmens, den geplanten Absatzwegen, einer Wachstumspotential-analyse, einer Wettbewerbsanalyse, bei der auch der Kundennutzen betrachtet wird, einer Vorstellung des Gründerteams sowie der monetären Bedarfsplanung.[13]

2. Geschäftsmodell

Hier wird das Geschäftsmodell vorgestellt. Dabei kann auf verschiedene Modelle wie bspw. das „St. Galler Business Model Navigator" oder das „Business Model Canvas" zurückgegriffen werden. Das Geschäftsmodell ist das Herz des Businessplans und zeigt den Fahrplan zur Umsetzung der Geschäftsidee. Der Erfolg eines Businessplans steht und fällt mit der Geschäftsidee, denn mögliche Kunden müssen von ihr profitieren können. Produkt- und Dienstleistungsangebote, mit denen in Zukunft Gewinne erwirtschaftet werden sollen, sowie die Maßnahmen zur Umsetzung des Nutzenversprechens an den Kunden gehören in diesen Teil. Nur, wenn ein klarer Kundennutzen hervorkommt, der sich in einem großen Markt bewegt und gewisse Gewinne erwarten lässt, kann eine Geschäftsidee erfolgreich werden.[14]

3. Zielmarkt

Die Betrachtung des Marktes und seiner Wettbewerber ist ein grundlegender Bestandteil eines Businessplans. Dazu sollte der Markt bzw. die Wettbewerber analysiert und die Rahmenbedingungen des potenziellen Absatzmarktes sowie die Zielkunden dargelegt werden.[15] Eine nicht ausreichende Marktanalyse kann bei existierenden Unternehmen zu falschen Investitionen führen oder Märkte mit Zukunftsaussichten unentdeckt lassen. Für Neugründungen kann sie zum Absturz führen.[16]

4. Ziele und Strategie

In dieser Rubrik werden die Ziele des Unternehmens als Kennzahlen formuliert, wodurch sie spezifischere Ausführungen zu den gewünschten Ergebnissen liefern. Die Strategie

---

[12] Vgl. Paxmann/ Fuchs (2010), S. 104.
[13] Vgl. Pott/ Pott (2015), S. 203.
[14] Vgl. Nagl (2018), S. 4-5.
[15] Vgl. Paxmann/ Fuchs (2010), S. 104.
[16] Vgl. Nagl (2018), S. 6.

verankert die grundsätzlichen Regeln, welche dauerhaft im Unternehmen herrschen. Strategien kennzeichnen sich in Form von Vorgaben, Richtlinien und Maximen, die den Weg des unternehmerischen operieren fixieren. Damit bildet die Strategie die Brücke zwischen den Zielen und den andauernden Maßnahmen. Eine Strategie und die Konzipierung der Schritte zu deren Umsetzung bilden sich nicht von jetzt auf gleich, sondern sind ein stetiger Prozess. Um eine Strategie entwickeln zu können, bietet sich bspw. Eine SWOT-Analyse an, bei der sich zunächst ein Ziel ableiten und nachfolgend eine Strategie entwickeln lässt.[17]

5. Leistungs- und Produktportfolio

Dieses Element des Businessplans beschreibt das Leistungs- und Produktportfolio, welches das Fundament des herausgearbeiteten Geschäftsmodells bilden. Insbesondere der Kundennutzen wird hier zentral herausgearbeitet. Dabei ist es von hoher Bedeutung, die Unterschiede zu den Portfolien der Wettbewerber herauszukristallisieren. Wenn es am Markt ähnliche Produkte und Leistungen gibt, muss der eigene Standpunkt und die Einzigartigkeit der eigenen Produkte bzw. Leistungen konkret und schlüssig ausgeführt werden.[18]

6. Marketing und Vertrieb

Ein ebenso bedeutender Punkt für eine erfolgreiche Umsetzung einer Geschäftsidee ist ein Marketing und Vertriebskonzept. Im Vordergrund hierbei steht das Vorgehen wie neue Kunden gewonnen werden und neue Möglichkeiten Umsätze- und Gewinne erwirtschaften zu können. Die verfolgten Marketingziele, worunter u.a. die Ausbreitung des Marktanteils zählt, müssen gemeinsam mit den Zielen des Unternehmens festgelegt und im Einklang sein. I.d.R. unterscheidet man zwischen einem langfristigen strategischen Marketingplan, der für einen Zeitraum von vier bis fünf Jahren ausgelegt ist und einem kurzfristigen operativen Marketingplan, der auf bis zu einem Jahr ausgelegt ist.[19] Im Bereich Vertrieb geht es um die Möglichkeiten, wie die Produkte und Dienstleistungen den Kunden erreichen können. Dazu müssen die Vertriebskanäle und die dazu notwendige Logistik festgelegt und koordiniert werden.[20]

7. Management, Personal und Organisation

Ein ebenso elementarer Bestandteil des Businessplans ist das Team des Managements und das Personal. Oft wird das Management in seiner Wichtigkeit höher als die

---

[17] Vgl. Nagl (2018), S. 15-16.
[18] Vgl. Nagl (2018), S. 20.
[19] Vgl. Pott/ Pott (2015), S. 208.
[20] Vgl. Nagl (2018), S. 34.

eigentliche Idee gewichtet. Denn nur, wenn alle wichtigen Fähigkeiten in und um das Management vorliegen, werden Investoren finanzielle Unterstützung anbieten. Im Mittelpunkt stehen dabei u.a. die fachliche Kompetenz, soziales Geschick sowie Kenntnisse der Branche und des Marktes des Führungsteams.[21] In Bezug auf die Organisation stehen bspw. die Wahl der Rechtsform und die Verteilung der Aufgaben und Verantwortungsbereiche im Unternehmen im Vordergrund.[22]

8. Chancen & Risiken

Eine Gründung geht immer mit Chancen aber zeitgleich auch immer mit Risiken einher, welche sich nicht nur im Unternehmen selbst, sondern auch in dessen Umfeld befinden.[23] Eine Bewertung der oben genannten Bausteine Zielmarkt, Leistungs- und Produktportfolio sowie Marketing und Vertrieb können dabei aufschlussreiche Erkenntnisse bzgl. der eigenen angestrebten Unternehmenspositionierung im Markt mit anderen Wettbewerbern liefern, woraus sich Chancen und Risiken ableiten lassen können. Nützliche Tools können dabei die SWOT-Analyse sein oder eine Aufstellung der Best- und Worst-Case- Szenarien.[24]

9. Finanzplanung

In dem Baustein der Finanzplanung werden deutliche Planungs- und Vorschaurechnungen präsentiert. Prognostizierte Zahlen werden hier zur Berechnung von Salden, Summen, Deckungen, Überschüssen und Fehlbeträgen benutzt und periodisch dargestellt. Dabei sind angenommene Zahlen stets nachvollziehbar mit Hilfe einer schriftlichen Erörterung zu begründen. Die Ergebnisse des Finanzplans lassen erahnen, wie profitabel ein Geschäftsmodell sein kann und ob das Unternehmen Kreditwürdig ist.[25] Der Finanzplan enthält eine Gewinn- und Verlustrechnung, eine (Plan-)Bilanz und einen Liquiditätsplan.[26]

Der Businessplan spricht sowohl interne als auch externe Zielgruppen an. Er kann als Instrument in unterschiedlichen Phasen der Gründung angewendet werden. In der Planungsphase dient er den Gründern als Orientierungshilfe, dass alle wichtigen Dinge bedacht werden und Fehlerquellen und Probleme rechtzeitig gesehen werden. In der Umsetzungsphase liegt der Zweck in der Erleichterung von Entscheidungsfindungen. In erster Linie hilft er dabei herauszufinden, ob das geplante Projekt überhaupt wirtschaftlich

---

[21] Vgl. Nagl (2018), S. 43.
[22] Vgl. Schinnerl (2018), S. 185.
[23] Vgl. Nagl (2018), S. 50.
[24] Vgl. Pott/ Pott (2015), S. 226-227.
[25] Vgl. Schinnerl (2018), S. 187.
[26] Vgl. Nagl (2018), S. 54.

ist.[27] In der Nachgründungsphase ist er ein Mittel zu Kontrolle des Ist- und Soll-Standes des Unternehmens. Nach außen dient der Businessplan insbesondere als Kommunikationsmedium, welches Investoren Informationen zum eigenen Unternehmen geben soll und ihnen damit eine Grundlage für eine Investitionsentscheidung bieten kann.[28]

Das Business-Model-Canvas (BMC)

Das Business-Model-Canvas als Hilfstool zur Kreation von Geschäftsmodellen hat in den vergangenen Jahren an Bekanntheit gewonnen. Das Wort „Canvas" wird mit „Gemälde" ins Deutsche übersetzt. Das Geschäftsmodell wird dabei auf lediglich einer Seite zusammengefasst und veranschaulicht.[29] Damit lässt sich sofort feststellen, wie sich einzelne Bereiche eines Unternehmens untereinander beeinflussen und diese zueinander verbessert werden können.[30] Geschäftsmodelle beschreiben die logische Funktionsweise eines Unternehmens und wie dieses Wertschöpfung durch die Befriedigung von Kundenbedürfnissen herbeiführen kann.[31] Das BMC eignet sich daher auch für bestehende Unternehmen und kann in der Planungs- und Umsetzungsphase von Projekten dienlich sein, weil es sich intensiv mit der Kunden- und Nutzerperspektive auseinandersetzt.[32] Die wesentlichen neun Elemente des BMC sind die folgenden:

1. Kundensegmente
2. Wertangebote
3. Vertriebskanäle
4. Kundenbeziehungen
5. Einnahmequellen
6. Schlüsselaktivitäten
7. Schlusselressourcen
8. Schlüsselpartner
9. Kostenstruktur[33]

Grundsätzlich hat das BMC zwei wichtige Missionen. Zum einen soll es existierende Geschäftsmodelle analysieren, verändern und verbessern und zum anderen soll es bei der Entwicklung eines völlig neuen Geschäftsmodells unterstützen. Im Vergleich zu einem in der Regel auf drei bis fünf Jahren ausgelegtem starren Businessplan kann mit

---

[27] Vgl. Kunze/ Offermanns (2016), S. 47.
[28] Vgl. Kunze/ Offermanns (2016), S. 48.
[29] Vgl. Lahn (2015), S. 169-170.
[30] Vgl. Plum (2017), S. 53.
[31] Vgl. Meffert et al. (2019), S. 275.
[32] Vgl. Gerstbach (2017), S. 64.
[33] Vgl. Lahn (2015), S. 170.

Hilfe des BMC auch auf kurzfristige Veränderungen bspw. in der Konkurrenzstruktur, eingegangen werden.[34]

Business-Plan und Business-Model-Canvas im Vergleich

Durch die bildliche Darstellung des BMC wird eine allumfassende Betrachtung des Geschäftsmodells mit einer Konzentration auf die wirklich wichtigen Elemente möglich. Das BMC ist dabei kein Denkansatz, sondern ein konzeptionelles Tool. Wie auch der Businessplan ist sie ein Instrument, welches eine strategische Planung verfolgt und dabei auf Annahmen bzw. Prognosen beruht. Im Gegensatz zum Businessplan konzentriert sich das BMC jedoch auf die Kernkompetenzen innerhalb des Geschäftsmodells und lässt durch seine bildliche Gestaltung in Form des Canvas einen raschen Überblick des Geschäftsmodells zu.[35] Auch werden im BMC im Unterschied zum Businessplan die wichtigen Inhalte konzentriert dargestellt, statt jeden einzelnen Punkt nacheinander zu beschreiben. Daher bietet sich das BMC auch als Basis für einen Businessplan an.[36]

Es lässt sich also festhalten, dass das Business Model Canvas durchaus Vorteile im Vergleich zum Businessplan vorweisen kann. Darunter kann z.B. der geringere zeitliche Aufwand zur Erstellung genannt werden. Außerdem fokussiert sich das BMC grundsätzlich intensiver auf die Vorgründungsphase eines Unternehmens im Gegensatz zum Businessplan.[37] Kurz gesagt ist es einfach und schnell anwendbar, stellt wichtige Informationen kompakt als Canvas dar und eignet sich zur Geschäftsentwicklung innerhalb eines Teams.[38] Unter Kritikern wird jedoch beanstandet, dass das BMC stark vereinfacht ist, weil schwierige Strukturen kaum darstellbar sind.[39] Vor allem in Konzernen sollten flexibel schwierige Anwendungsereignisse geregelt werden können. Auch sollte ein Geschäftsmodell in der Lage sein, wichtige Beziehungen innerhalb der Wertschöpfung darzustellen. Ein weiterer negativer Punkt ist die fehlende differenzierte und systematische Berücksichtigung des Unternehmensumfeldes.[40]

---

[34] Vgl. Samulat (2017), S. 80-81.
[35] Vgl. Lahn (2015), S. 172.
[36] Vgl. Lahn (2015), S. 173.
[37] Vgl. Lahn (2015), S. 173.
[38] Vgl. Weinreich (2016), S. 22.
[39] Vgl. Meffert et al. (2019), S. 279.
[40] Vgl. Becker et al. (2019), S. 20-21.

C2 Marketing & Vertrieb als Element des Business Plan an einem Anwendungsbeispiel

Die 2D- Construction GmbH ist ein junges, bereits erfolgreiches Bauunternehmen in Deutschland, welches Häuser in Holzständerbauweise an Privatkunden im Süden des Landes verkauft. In Zukunft möchte das Unternehmen zusätzlich Häuser aus dem 3D-Drucker anbieten. Im Folgenden werden Marketing und Vertrieb als Teil ihres Businessplans vorgestellt.

Anwendungsbeispiel:
Das Ziel der 2D-Construction GmbH ist durch die frühzeitige Anwendung der neuartigen 3D-Druck Technologie im Hausbau die Marktführerschaft in den südlichen Bundesländern von Deutschland zu erlangen. Alle Marktaktivitäten sind darauf ausgerichtet, das Unternehmen zu einem attraktiven Ansprechpartner für kostengünstige 3D-Häuser zu etablieren. Die 2D- Construction GmbH ist bereits erfolgreich als Anbieter für Fertighäuser in der Holzständerbauweise im Süden Deutschlands positioniert. Mit der einzigartigen 3D-Druck Technologie möchte das Unternehmen die steigende Nachfrage nach Wohneigentum auf eine kostengünstige, schnelle, Effiziente und Umweltschonende Art und Weise decken. Bisher gibt es im Süden des Landes noch keinen Anbieter, der eine vergleichbare Technologie anbietet. Das Marktpotenzial ist in Zeiten steigenden Wohnraumbedarfs enorm und durch diese spezielle Technologie könnten in gleicher Zeit mehr Aufträge als zuvor entgegengenommen und fertiggestellt werden, denn ein Haus aus dem 3D-Drucker bedarf lediglich vier bis 20 Wochen Bauzeit.

Die grundsätzliche Marketingstrategie ist preisorientiert. Da Bauen in den letzten Jahren immer teurer geworden ist und viele Menschen sich kein Eigenheim mehr leisten können, kann der 3D-Bau durch seine geringeren Kosten eine Kundengruppe erreichen, die von der traditionellen Baubranche aufgrund hoher Preise nicht mehr angesprochen wird. Daneben zeigt sich der 3D-Druck als ausgesprochen umweltfreundlich, da er etwa 70% weniger Beton, der bekannt für seine schlechte CO_2-Bilanz ist, benötigt. Damit spricht er automatisch auch Menschen, die einen grünen Fußabdruck anstreben an. Der Preis für einen 3D-Drucker, der in der Lage ist Häuser zu errichten, liegt zwischen 350.000 EUR und 500.000 EUR. Dazu kommt, dass für die Überwachung des Baus lediglich zwei Personen benötigt werden. Diese Kosteneinsparung soll an den Kunden weitergegeben werden, damit eine größere Zielgruppe erreicht wird. Die Preisersparnis für den Endkunden liegt bei circa 30-60% zu einem konventionellen Haus. Kleinere 1-Zimmer Häuser werden ab 25.000 EUR angeboten, Einfamilienhäuser ab 80.000 EUR und große 4-

Zimmer Häuser ab 120.000 EUR, je nach Sonderwünschen des Kunden variieren die Preise. Das u.s. Preistableau gibt einen genaueren Überblick über die Preisgestaltung.

Preistableau der 3D-Häuser von der 2D-Construction GmbH

Zimmeranzahl	1 oder 2	2 oder 3	3 oder 4	4 oder 5	5
Quadratmeter	40	75	90	110	130
Preis in EUR	ab 25.000	ab 40.000	ab 80.000	ab 120.000	ab 150.000

Wahlweise Ausstattung	Einfach	Mittel	gehoben	luxuriös	individuell
Preis in EUR	ohne Aufpreis	zzgl. 20.000	zzgl. 30.000	zzgl. 50.000	nach Absprache

Tabelle 1: Preistableau 3D-Häuser der 2D-Construction GmbH[41]

Die **Markteintrittsstrategie** für die neue Technologie teilt sich dabei in zwei Phasen auf.

Phase 1 = Jahr 2021

Das Ziel der ersten Phase war ein Pilotprojekt für das Verfahren zu gewinnen um es einem Praxistest zu unterziehen. Es ist uns gelungen einen Kunden zu finden, der sich als erster in Deutschland von uns ein 3D-Druck Haus erstellen lassen hat. Das Resultat war zu seiner vollsten Zufriedenheit und er würde uns weiterempfehlen. Daraufhin haben wir Umfragen in sozialen Netzwerken gestartet. Ziel dieser Umfragen war es herauszufinden, ob Menschen ein 3D-gedrucktes Haus erwerben würden, wenn es dem gewohnten Qualitätsstandard von Massivbauhäusern oder Holzständerbauhäusern entsprechen würde, jedoch zu einem deutlich geringeren Preis. Weiterhin starteten wir Umfragen, ob Menschen die sich vormals kein Eigenheim leisten konnten, die Möglichkeit des 3D-Drucks wählen würden. Die durchweg positiven Ergebnisse nahmen wir zum Anlass den Geschäftsbereich ausbauen zu wollen.

Phase 2 = Mai 2022

Die zweite Phase, welche im Mai 2022 beginnt, konzentriert sich vollkommen auf das Marketing. So startet die unter dem u.s. Marketing-Mix beschriebene breit angelegte Werbekampagne und personelle sowie finanzielle Ressourcen werden zur Gewinnung von neuen Kunden eingesetzt. Eine unserer Zielgruppen, die sich als junge Familien mit (unter-)durchschnittlichem Einkommen definiert, wird als Erstes angegangen. Ansprachen fanden bereits im Rahmen von Messeveranstaltungen und Werbeschaltungen in sozialen Netzwerken statt.

Die 2D-Construction GmbH vertreibt das Konzept des 3D-Drucks hauptsächlich über ihre Vertriebsmannschaft, bestehend aus 10 Mitarbeitern, welche sich in existierenden

---

[41] Eigene Darstellung

Musterhäusern befinden, da die Bauchbranche immer noch von dem persönlichen Kontakt lebt und der Kunde sich mit Experten über sein Vorhaben und ggfls. anfallende Sonderwünsche absprechen möchte. Hierbei ist zu berücksichtigen, dass die Vergangenheit gezeigt hat, dass von 10 Kunden in der Regel vier Kunden einen Vertrag abschließen. Dies bildet die Basis um die in der Tabelle 2 genannten **Vertriebsziele** zu erreichen.

Die Vertriebsmitarbeiter sind daher zukünftig angehalten, den eintretenden Kunden die Möglichkeiten und Vorteile des 3D-Drucks näher zu bringen. Dazu sind umfassende Vertriebs- aber auch Fachschulungen im Bereich 3D-Druck geplant. Wie sich der **Tabelle 2** entnehmen lässt, plant die 2D-Construction GmbH im Jahr 2022 drei Häuser mit dem neuen 3D-Druck Verfahren zu errichten. Im darauffolgenden Jahr sollen bereits insgesamt 6 neue 3D-Druck Häuser vertrieben werden. Eine weitere Säule des Vertriebs bildet der Aufbau von Social Media Werbekampagnen. Die 2D-Construction GmbH möchte damit gezielt junge Leute die sich bereits im Internet über Baumöglichkeiten informieren erreichen. Ein weiterer wichtiger Vertriebskanal sollen die Vertriebspartner darstellen. Die 2D-Construction GmbH möchte dabei Finanzdienstleister gewinnen, welche bereits mit Zielkunden in einer Geschäftsbeziehung stehen, aber keine Konkurrenz für 2D-Construction darstellen. Einkommensschwachen Kunden die keine Kreditzusage für einen kostenintensiven Neubau erhalten, könnten durch diese Vertriebspartner auf unser kostengünstigeres 3D-Druck Eigenheim aufmerksam gemacht werden. Diese Maßnahmen starten zum Ende des Jahres 2022. Vorbereitend wurden umfangreiche Unternehmens- und Baudarstellungen bei einer Münchener Agentur in Auftrag gegeben, welche bis Juni 2022 geliefert werden. Im Infoflyer wird unser Unternehmen und das 3D-Druck Bauverfahren leicht verständlich beschrieben. Die Imagebroschüre gibt Interessenten einen Eindruck über die 2D-Construction GmbH und die Gründer mit ihren Visionen zu einem kosteneffizienteren und umweltfreundlicheren Bauen und der Erfüllung des Traumes vom Eigenheim für jedermann. Sie beschreibt darüber hinaus genau das Leistungsangebot von 2D-Construction.

Vertriebsziele 3D-Haus					
Jahr	2021	2022	2023	2024	2025
Menge	1	3	6	12	20

Tabelle 2: Vertriebsziele auf Sicht von fünf Jahren[42]

---

[42] Eigene Darstellung

Schwerpunkte in Bezug auf Werbung und Verkaufsförderung für das Jahr 2023 bilden folgende Maßnahmen:

Public Relations

Im Rahmen der PR ist wichtig, dass 2D-Construction in bedeutenden Titeln auftaucht, welche von der Zielgruppe gelesen werden. Mit der Aufgabe der Auswahl der richtigen Titel wurde bereits eine Agentur beauftragt. Ein Briefing wurde bereits erarbeitet.

Veranstaltungen

2D-Construction wird auf der BAU 2023 in München vertreten sein. Außerdem werden vier eigene Veranstaltungen im Jahr durchgeführt, bei denen sich Interessenten anmelden können, um genauere Informationen über die Möglichkeiten und die Preise eines 3D-Druck Hauses zu erhalten. Dabei sollen den Interessenten auch Informationen über die Struktur, Stabilität und Haltbarkeit eines solchen Hauses gegeben werden. Ein Prototyp in Miniatur-Form soll den Kunden helfen eine gewisse Vorstellungskraft zu entwickeln. Daneben soll an den Veranstaltungen in unserem Hauptsitz die Möglichkeit gegeben werden, dass Kunden sich die 3D-Drucker anschauen können.

Werbeauftritt:

Die 2D-Construction GmbH war schon zu Beginn der Geschäftstätigkeit im Internet mit einer Homepage präsent. Die Möglichkeit des 3D-Drucks wurde bisher jedoch noch nicht kommuniziert, da man zunächst das oben genannte Pilotprojekt durchführen wollte. So konnte zunächst die Zufriedenheit eines Kunden getestet werden, ohne dass die Konkurrenz von unserem Vorhaben Kenntnisse erlangen konnte. Dies ist bisher gelungen, denn noch kein anderes Unternehmen im Süden Deutschlands bietet unser Verfahren an. Im Rahmen der Marketingoffensive Ende 2022 wird der Werbeauftritt komplett überarbeitet und das neue 3D-Druck Verfahren intensiv beworben. Dabei wird dem Kunden nicht nur die Technologie erklärt und das Pilotprojekt vorgestellt, sondern er erhält die Möglichkeit sein Traumhaus digital zu Konfigurieren.

Die 2D-Construction GmbH möchte also mit einer neuen Bau-Technologie an den Markt. Der gute Ruf unseres Unternehmens wird uns dabei helfen, dass die Kunden grundsätzlich aufgeschlossen sein werden. Weitere Vorteile sind der deutlich geringere Preis, bei gleichem Standard zu konventionellen Häusern. Hinzu kommt die umweltfreundliche Errichtung, die i.d.R. nicht mehr als etwa eine Woche in Anspruch nimmt. Das große, langwierige und teure Projekt „Hausbau" wird mit uns zu einem kleinen, kurzen und günstigen Projekt. Durch unsere Marketing- und Werbemaßnahmen gewährleisten wir eine umfassende Erreichung unserer Zielgruppe und unsere Vertriebsmitarbeiter sind bereits stark geschult, um die Fragen der Kunden beantworten zu können. Als einziger Anbieter dieser einzigartigen Bauweise haben wir die Chance zukünftig Marktführer auf diesem Gebiet zu werden. Daneben wird unser Vorhaben durch unser reguläres Fertigbauhausgeschäft mit soliden Cashflows gestützt, welche für umfassende Werbemaßnahmen genutzt werden können.

C3 Der Sinn und die Grenzen eines Business Plans

Ein Businessplan ist das Aushängeschild eines unternehmerischen Vorhabens und führt aus, dass mit dem angepriesenen Produkt oder der Dienstleitung Gewinne generiert werden können. Dies macht ihn zu einer Grundlage für Verhandlungen mit Banken, öffentlichen Trägern, Förderinstitutionen, Kapitalgebern, Kooperationspartnern u.v.m.[43] Die Sinnhaftigkeit kann nicht universal geklärt werden, da sie von persönlichen Umständen und weiteren anderen Komponenten abhängig ist. Aus diesem Grund gibt es keinen allgemeingültigen Businessplan, da die Aufmachung von der jeweiligen Zielgruppe mit unterschiedlichen Anforderungen, Bedürfnissen und Vorkenntnissen abhängt.[44] Grundsätzlich ist der Nutzen demnach an den Anlass der Erstellung des Businessplans gekoppelt. Der Businessplan bringt seinen Ersteller dazu, sich mental mit ihm zu beschäftigen und das eigene Bestreben zu spezifizieren. Durch die einzelnen Pläne für Finanzen und Marketing, welche bezüglich ihrer Annahmen gleich sein müssen, kann er potenzielle Fehler in der Kalkulation aufdecken. Auch mögliche Gefahren und Probleme können bei der Erstellung auffallen und so frühzeitig andere Optionen besprochen werden. Da er zum Großteil aus Berechnungen besteht dient er insbesondere auch der Erfolgskontrolle. Banken und andere Kapitalgeber wünschen einen umfassenden und genauen Businessplan um einschätzen zu können, wie hoch das Risiko einer Investition ist und ob dem Unternehmen eine unproblematische Rückzahlung zugetraut werden kann.[45]

Doch auch der Businessplan hat seine Grenzen und bringt eine gewisse Problematik mit sich. Er orientiert sich an Ergebnissen und nicht an der wirklichen Ausübung des Vorhabens. Er wird allerdings oft als Indikator angesehen, dass das Vorhaben geplant wurde. Diese Konnexion liegt jedoch nicht zwangsläufig vor und bringt daher das Risiko von

---

[43] Vgl. Singler (2006), S. 10.
[44] Vgl. Paxmann/ Fuchs (2010), S. 46-47.
[45] Vgl. Pott/ Pott (2015), S. 231-232.

Fehlinterpretationen mit sich. Auch empirische Untersuchungen fanden heraus, dass keine klare positive Verbindung zwischen der Erstellung eines Businessplans und dem Erfolg eines Unternehmens besteht. Daneben bestehen Businesspläne aus Zukunftsannahmen welche häufig aus der Vergangenheit abgeleitet werden. Sie eignen sich daher nur bedingt für völlig neue Geschäftsideen bzw. Geschäftsmodelle.[46] Grundsätzlich werden durch die Fokussierung auf Annahmen und Daten weitere wichtige Gesichtspunkte, wie die Persönlichkeit und Kompetenz der Gründer, wenig beachtet. Aber insbesondere bei Neugründungen, die auf wenigen Daten aufbauen können, sind diese Punkte von enormer Wichtigkeit.[47]

Es stellt sich daher die Frage, welche Informationen überhaupt aus dem Businessplan für ein Early-Stage-Start-up abgeleitet werden können und welche Informationen er über die Gründer liefert.

„Start-up" wird oft im Bereich innovativer, wachstumsorientierter Gründungen des Hightech-Sektors verwendet und steht grundsätzlich für Unternehmensgründung.[48] Ein Early-Stage-Start-up befindet sich also noch in einer frühen Gründungsphase ohne geschäftliche Aktivität. Orientiert man sich an der in Aufgabe C1 genannten neun Bausteinen eines Businessplans, so könnte die Informationslage bspw. wie folgt aussehen:

Executive Summary
Dem Executive Summary lässt sich zunächst eine grobe Übersicht über das Gesamtvorhaben des Start-ups entnehmen. Insbesondere das Geschäftsmodell, die Ziele, die Strategie und das Gründerteam werden kurz vorgestellt. Daneben lässt sich hier herauslesen, welchen Kundennutzen das Unternehmen bieten möchte, also was es einzigartig macht.

Geschäftsmodell
Aus diesem Baustein wird die Geschäftsidee entnommen, also welches Produkt verkauft oder welche Dienstleistung angeboten werden soll. Man kann lesen, welchen Nutzen der Kunde gewinnen soll und ob es eventuell sogar schon etwaige Patente oder Alleinstellungsmerkmale gibt. Hier lässt sich zudem ableiten, ob das Start-up eine völlig neue Geschäftsidee, also ein neues Produkt oder Dienstleistung, entwickelt hat oder

---

[46] Vgl. Lahn (2015), S. 224-225.
[47] Vgl. Kunze/ Offermanns (2016), S. 107.
[48] Vgl. Schneck (2015), S. 860.

ein bestehendes Geschäftsmodell adaptiert oder optimiert.

Zielmarkt

Diesem Teil lässt sich der Zielmarkt und dessen Größe entnehmen. Auch welche Wettbewerber es in diesen Märkten gibt und ob sich gewisse Trends abzeichnen. Besonders im Falle eines Start-ups erscheint es wichtig den Zielmarkt, welcher den Absatzmarkt darstellt einschätzen zu können. Es stellt sich also die Frage, ob es überhaupt einen Absatzmarkt für ein neues Produkt gibt und ob dieser Aussichtsreich ist. Bietet das Start-up bereits existierende Produkte an, so stellt sich die Frage, ob Wettbewerber nicht genauso stark sind.

Ziele und Strategie

Hier lassen sich die Ziele und die Strategie zu deren Erreichung ablesen. Als Empfänger ist wichtig, dass die Ziele realistisch und die Strategie nachvollziehbar sind. Im Falle eines Start-ups kann überprüft werden, ob Ziele realistisch erscheinen und ob die Strategie passend und plausibel zum Vorhaben sind.

Leistung-und Produktportfolio

Dieses Element lässt ableiten, wie innovativ das angebotene Portfolio des Start-ups ist und wie der aktuelle Entwicklungsstand ist. Es lässt sich ableiten, ob ein Kundennutzen hervorgeht und das Produkt oder die Dienstleistung im Vergleich zu Wettbewerbern überlegen wirkt. Für ein Start-up lässt sich also ableiten, ob es bereits Markfähige Produkte gibt oder ob sich diese noch in der Entwicklung befinden. Je nachdem kann dies darauf hindeuten, dass noch hohe Investitionen notwendig werden könnten um das Produkt Marktreif zu bekommen.

Marketing und Vertrieb

Der angestrebte Umsatz und die zu erzielenden Preise werden genannt, dazu eine Einschätzung der Gewinnspanne. Eine Übersicht über die Zielgruppe und den passenden Vertriebsweg, um diese zu erreichen. Eine generelle Übersicht zur Werbeplanung und die geschätzten Kosten pro Kunde. Dabei ist darauf zu achten, ob die Budgetplanung realistisch erscheint und das Marketingkonzept abgestimmt ist.

Management, Personal und Organisation

Der Empfänger kann hier die Kompetenzen der Führung und eventuell bereits vorhandener Mitarbeiter entnehmen. Er kann auch sehen, wie sich das Start-up die Organisationsstruktur vorstellt und ob diese sinnvoll erscheint.

Chancen und Risiken

Diesem Teil kann entnommen werden, ob das Start-up spezielle Chancen für sich persönlich sieht und welche Risiken es ausgemacht hat. Eine Übersicht zu Best- und Worst-Case Szenarien kann vorliegen, die es auf realistische Annahmen zu überprüfen gilt.

Finanzplanung

Hier wird der Empfänger über die aktuelle Finanzlage unterrichtet und mit welchem Kapitalbedarf das Start-up kurz- mittel- und langfristig rechnet. Hier lässt sich auch ableiten, wie lange das Start-up von seinem Kapital überleben könnte, bis neues Kapital angeschafft werden muss.

Das bedeutendste Element einer Unternehmensgründung ist jedoch der Gründer. Denn egal wie toll eine Geschäftsidee ist, wichtig ist deren erfolgreiche Positionierung am Markt. Dafür ist der Gründer mit seinen Fähigkeiten zuständig.[49] Im Businessplan kann man sich daher über die Lebensläufe, Erfahrungen und Werdegänge der Gründer informieren. Aber auch deren Motivation zur Gründung und wie sie ihre Aufgaben innerhalb des Unternehmens in der Zukunft sehen.[50]

---

[49] Vgl. Schinnerl (2018), S. 7.
[50] Vgl. Pott/ Pott (2015), S. 215.

Literaturverzeichnis

Becker, W., Eierle, B., Fliaster, A., Ivens, B., Leischnig, A., Pflaum, A., & Sucky, E. (2019). *Geschäftsmodelle in der digitalen Welt: Strategien, Prozesse und Praxiserfahrungen.* Wiesbaden: Springer Fachmedien.

Gerstbach, I. (2017). *77 Tools für Design Thinker. Insidertipps aus der Desing-Thinking-Praxis.* Offenbach.

Kunze, S., & Offermanns, A. (2016). *Mythos Businessplan: Vom blinden Glauben an ein einzelnes Instrument und möglichen Alternativen.* Wiesbaden: Springer Fachmedien.

Lahn, S. (2015). *Der Businessplan in Theorie und Praxis: Überlegungen zu einem zentralen Instrument der deutschen Gründungsförderung.* Wiesbaden: Springer Fachmedien.

Meffert, H., Burmann, C., Kirchgeorg, M., & Eisenbeiß, M. (2019). *Marketing Grundlagen marktorientierter Unternehmensführung: Konzepte-Instrumente-Praxisbeispiele.* Wiesbaden: Springer Gabler.

Nagl, A. (2018). *Der Businessplan: Geschäftspläne professionell erstellen Mit Checklisten und Fallbeispielen.* Wiesbaden: Springer Fachmedien.

Paxmann, S., & Fuchs, G. (2010). *Der unternehmensinterne Businessplan: Neue Geschäftsmöglichkeiten entdecken, präsentieren, durchsetzen.* Frankfurt: Campus Verlag.

Plum, B. (2017). *Mein Business Plan.* Freiburg: Haufe Lexware Verlag.

Pott, O., & Pott, A. (2015). *Entrepreneurship.* Berlin; Heidelberg: Springer Gabler.

Samulat, P. (2017). *Die Digitalisierung der Welt. Wie das Industrielle Internet der Dinge aus Produkten Services macht.* Wiesbaden.

Schinnerl, R. (2018). *Erfolgreich in die Selbstständigkeit: Von der Geschäftsidee über den Businessplan zur nachhaltigen Unternehmensgründung.* Wiesbaden: Springer Fachmedien.

Schneck, O. (2015). *Lexikon der Betriebswirtschaft.* München: Deutscher Taschenbuchverlag.

Singler, A. (2006). *Businessplan.* München: Rudolf Haufe Verlag.

Weinreich, U. (2016). *Lean Digitalization.* Berlin; Heidelberg: Springer Verlag.